É IMPORTANTE PRATICAR NOS TRACEJADOS SEGUINDO A DIREÇÃO DAS SETAS.

A a   Árvore
       árvore

A A

a a

B b   Bola
       bola

B B

b b

É IMPORTANTE PRATICAR NOS TRACEJADOS
SEGUINDO A DIREÇÃO DAS SETAS.

Cachorro
cachorro

Dado
dado

É IMPORTANTE PRATICAR NOS TRACEJADOS SEGUINDO A DIREÇÃO DAS SETAS.

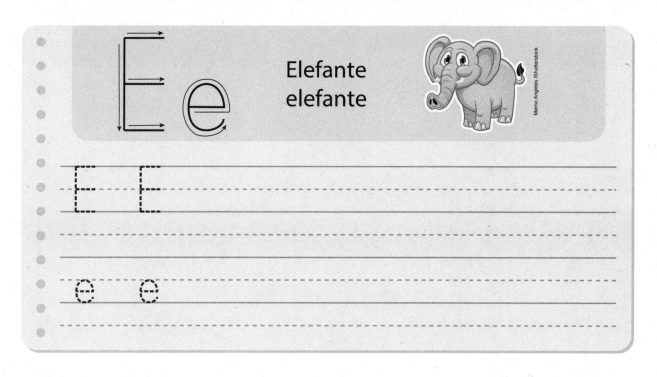

Elefante
elefante

Flor
flor

É IMPORTANTE PRATICAR NOS TRACEJADOS SEGUINDO A DIREÇÃO DAS SETAS.

Gato
gato

Helicóptero
helicóptero

É IMPORTANTE PRATICAR NOS TRACEJADOS SEGUINDO A DIREÇÃO DAS SETAS.

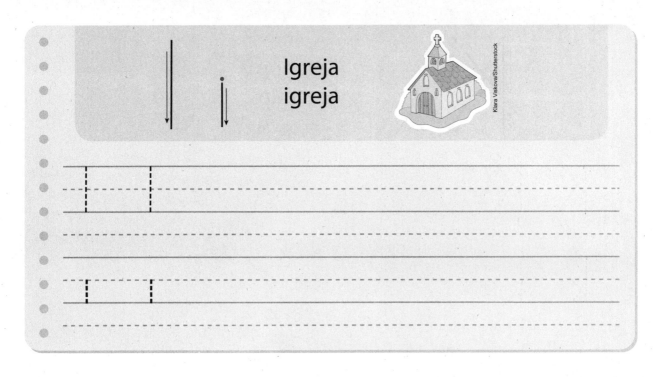

Igreja
igreja

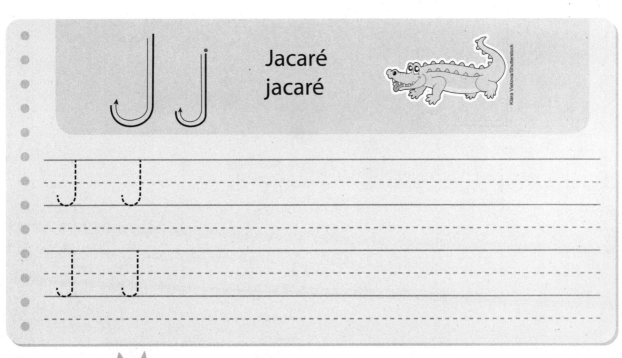

Jacaré
jacaré

É IMPORTANTE PRATICAR NOS TRACEJADOS SEGUINDO A DIREÇÃO DAS SETAS.

Ketchup
ketchup

Leão
leão

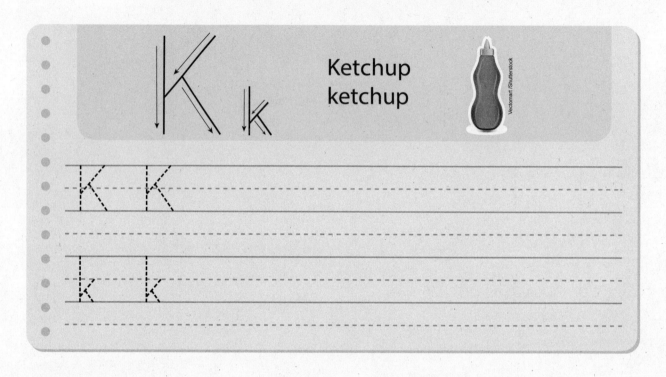

É IMPORTANTE PRATICAR NOS TRACEJADOS
SEGUINDO A DIREÇÃO DAS SETAS.

Mochila
mochila

Navio
navio

É IMPORTANTE PRATICAR NOS TRACEJADOS SEGUINDO A DIREÇÃO DAS SETAS.

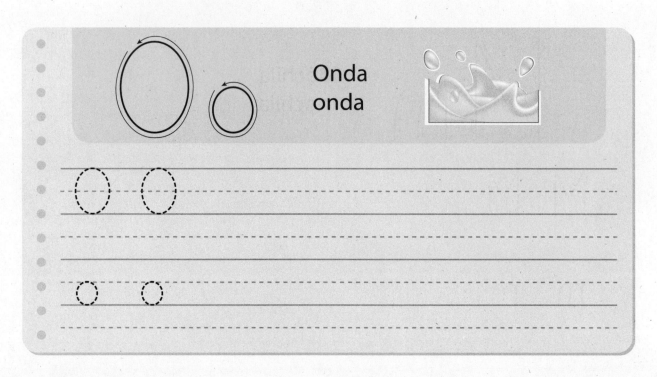

Onda
onda

Pato
pato

É IMPORTANTE PRATICAR NOS TRACEJADOS SEGUINDO A DIREÇÃO DAS SETAS.

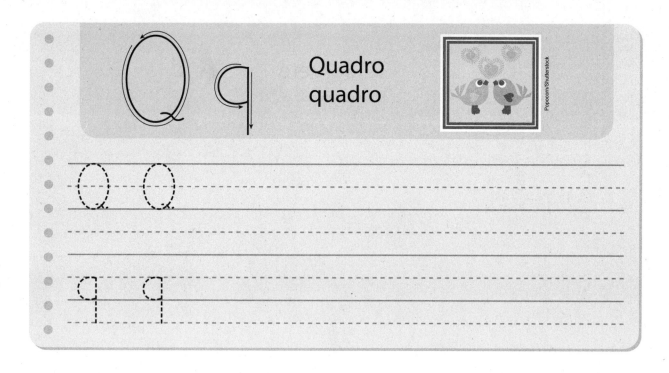

Quadro
quadro

Rato
rato

É IMPORTANTE PRATICAR NOS TRACEJADOS SEGUINDO A DIREÇÃO DAS SETAS.

Sorvete
sorvete

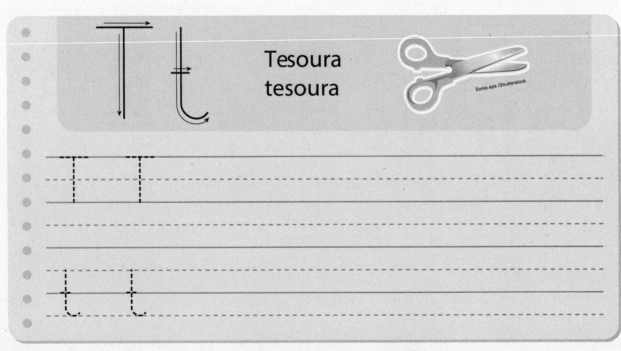

Tesoura
tesoura

É IMPORTANTE PRATICAR NOS TRACEJADOS SEGUINDO A DIREÇÃO DAS SETAS.

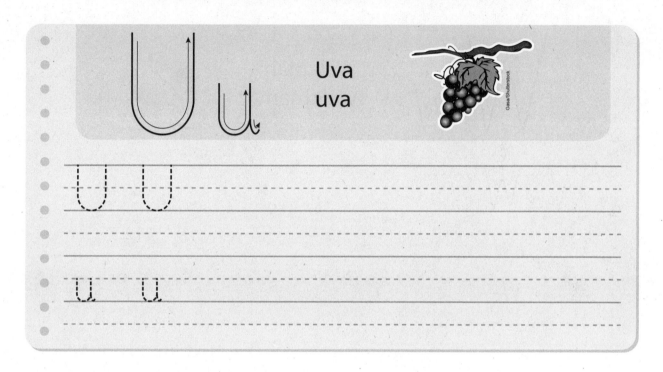

Uva
uva

Vaca
vaca

É IMPORTANTE PRATICAR NOS TRACEJADOS SEGUINDO A DIREÇÃO DAS SETAS.

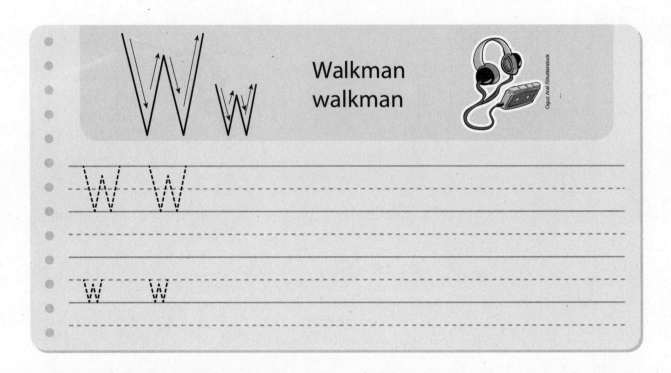

Walkman
walkman

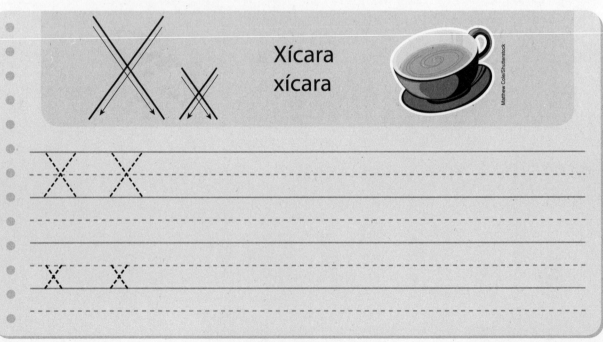

Xícara
xícara

É IMPORTANTE PRATICAR NOS TRACEJADOS SEGUINDO A DIREÇÃO DAS SETAS.

Yasmin

Zebra
zebra

EXERCÍCIOS DE FIXAÇÃO

PARA QUE FÁBIO CHEGUE ATÉ A FLOR, SIGA E COMPLETE O ALFABETO.

EXERCÍCIOS DE FIXAÇÃO

COMPLETE COM LETRAS MAIÚSCULAS OU LETRAS MINÚSCULAS.

I___ha

U___a

Livr___

A___ião

___avio

Giraf___

Pe___xe

Chalei___a

Bal___e

G___to

EXERCÍCIOS DE FIXAÇÃO

ENCONTRE AS CINCO LETRAS
QUE FALTAM NA IMAGEM ABAIXO.